김은자 시집

상상인 시선 057

그해 여름까지가 수선화

• 본문 페이지에서 한 연이 첫 번째 행에서 시작될 때에는 〈 표기를 합니다.
• 저자의 의도에 따라 작품의 보조 동사와 합성 명사는 띄어쓰기가 달라질 수 있습니다.

시인의 말

쥐려 하면 도망가고

놓아주려 하면 끌어안는

소리와 침묵 사이

간극과 간격 사이

긴밀함과 느슨함 사이

작게 태어난

고독의 질문들

미안하고 고맙다

차례

1부
소리의 앞 고름을 풀다

마스카라의 이중생활	21
북	22
틈의 연대기	24
여름 집	26
동물성에 관한 회의록	28
고양이의 눈을 읽다	30
그늘	32
감성 풍향계	34
덤보를 위하여	36
뿌리여, 바람이여, 감옥이여	37
냉동 오징어 손질법	40
한 켤레의 시간	43
노랑발도요새	44
블루베리가 익어가는 마을	46

2부

틈에서 소리를 건지다

끊임없이, 틈	51
소리 속으로 뛰어들어	52
한 올의 슬픔	54
마트료시카 인형 접기	56
는개 눈개 눙개	58
눈물 사용 설명서	60
제외가 재외처럼 울 때	62
앵무조개	64
피아니스트	65
곤쟁이 눈	66
와이어로 사람 모형 만들기	67
바람의 행보	68
정오의 피트니스	69

3부

불손한 바이링구얼

귀를 옮기다	73
이중언어	74
선더버드	76
스핑크스	78
보카시 스웨터를 입은 당신에게	80
애니멀 피플	82
페널티킥	84
살바 게임	85
소리의 문	86
사랑니 발치 추천서	88
폴리스 리포트	90
예감을 끌어안은 이별	91
이별을 말리우다	92
벼랑을 사다	94

4부
여섯 개의 촛불에 불을 댕기며

청춘 서커스	97
먹먹한 막	98
여섯 개의 초에 불을 댕기며	100
서쪽으로 지는 노래	102
방목의 생각	103
눈물의 무게	104
황야의 고독사	105
찐 돼지	106
졸다가 우는 여자	107
불멸을 기록하다	108
국밥 먹는 여자	110
사이 방정식	112
이 느낌 뭔지 알아	114
가을 별을 훔치다	115

5부
화가의 정원

검은 눈의 수잔	119
수국	120
베고니아	121
화가의 정원	122
더덕꽃	123
꽃씨	124
순지르기	125
동부의 꽃이 서부의 꽃에게	126
가지꽃	127
가시 자리	128
칸나	129
해바라기	130
넝쿨장미	131

해설 _ 눈물은 언제 흘려야 하는가? 133
이승하(시인, 중앙대 교수)

1부

소리의 앞 고름을 풀다

마스카라의 이중생활

　길게 말하고 싶다는 말이다 짧고 간략한 세상에서 조금은 복잡해지고 싶다는 말이다 눈물은 길고 끈끈한 화장 덧칠하지 않고는 견딜 수 없는 것들, 되풀이되지 않고는 이어 나갈 수 없는 것들 나는 거짓말이 아닌 것처럼 거짓말을 해 본다 속눈썹 그윽이 눈빛 하나를 심으며 이 순간만은 내 말에 귀 기울여 달라고 짧고 굵게 애원한다 눈매는 거울 속에서 탄생한다 세상 모든 시선은 관객이 아닌 주인공이므로 누구에게도 들키지 않은 최후의 순간을 고백한다 울지 않겠다 한 올 한 올 젖은 눈꺼풀로 단단한 너를 지워갈 뿐이다

북

별이 지기도 전 마을 사람들은
등짐을 지고 떠났다
등짐 속에는 누구도 읽지 않은 북채가 숨겨져
고수를 만나면 강보에 싸인 아이처럼
은밀하게 전해졌다
마을 사람들은 수천 년째 북채를
전하는 일로 밥을 먹고 살았다

한 번도 북을 친 적은 없어도
누구도 북소리를 들은 적은 없어도

성城보다 크고 단단한 북이 있다는 것은
고기를 잡는 일보다 거룩한 일이어서
팔뚝에 지울 수 없는 음계를 그려 넣듯
북채를 나르며 살았다 음악이란

없는 사실 속에서 일어나는 눈먼 바람의
먼지처럼 연속되는 것, 음악을 아는 이들은
함부로 북을 치지 않는다

북을 본 사람들의 말에 의하면

북의 등은 청어의 아가미를 닮아
두드릴 때마다 새 비늘이 돋아난다고 했다
어떤 고수는 북을 치다가 가슴이
찢어져 죽었다고도 하는데
그날은 북에서 시냇물 소리가 났다고 했다

한 고수가 죽어 나가면 또 한 고수를
찾는 일이 마을 사람들의 업業이다

고수를 찾기 위하여 날마다
달이 뜨면 서낭당에 물을 떠 놓고
정기를 모으는 사람들
하늘에 커다란 북 하나 걸어 놓고
가난한 마을에 다시 불을 지핀다

틈의 연대기

콘크리트 틈을 뚫고 풀꽃이 피었다 한때 풀밭이었던 곳 수천 개의 풀씨를 뒤엎고 풀등 위에 집을 짓더니 구멍이 생긴 것이다

벽돌을 쌓고 시멘트를 막아 틈 하나 없는 새집이 완성되었을 때
새집에는 몇 년 동안 마당을 쓸어 놓은 것처럼 풀잎 하나 돋지 않았다

풀씨들은 빛 한 줌 없는 지하에 갇혀 회로를 모색했을 것이다 모색이란 적극적인 것이어서 발광체의 그림자만 스쳐도 공복처럼 피를 토하고 몸부림치며 빈틈을 끌어안았을 것이다

달빛이 인형 손톱보다 작은 창문 하나 긁고 갔을 때 풀씨는 틈을 뒤져 골목을 내기 시작했을 것이다 물방울보다 작은 조짐도 터전이 될 수 있다는 것을 알기에 굽은 몸을 쫙- 펴고 죽을힘을 다해 밀어내고 틈을 벌렸을 것이다

틈으로 틈을 벗어나는 꿈을 날마다 꾸었을 것이다

〈

말미를 빼앗길 새라 한쪽 발로 쾅쾅- 틈 위에
못질을 했을 것이다

이어져 있는 모든 이름은 틈의 탄생이므로
모여 있는 모든 안은 간극의 속성이므로

틈으로 밖을 접수했을 것이다

여름 집

바닷길을 걷다가 아이가
모래집을 짓는 것을 보았다
파도가 오후의 허리를 때리며
소리를 집어삼키자
밖과 안이 밀고 밀리는 파도
아이는 소리와 소리 사이에서
창문을 내고 있었다

작은 손가락으로 벽을 찌르고 구멍을 뚫자
밖이 팽창하며 빛이 모래집 속으로
쏜살같이 들어왔다 후텁지근한 바람이
빠르게 창을 빠져나갔다

아이는 소리를 주워 담장을 만들었다
빈 조개껍질로 달빛을 긁어
아슬아슬한 여름의 내장을 파내고
골목을 만들었다

계단이 없는 모래집
밖에서는 귀를 빌려온 새들이 지저귀는데
나직하게 들려오는 물소리

갇혀 있던 공명이 우수수 떨어졌다.
손금도 없는 안쪽에 비릿하게 묻어나는 비장함
뚜껑 없는 어둠을 털어내며 아이가 일어났다

바다 쪽으로 낸 창 안의 새들은 난청을 앓고
천장 없는 집 위로 별들이 소라처럼 떨어지는 밤
껍질만 남은 집 한 채가
적막을 물고 쪽잠에 들었다

동물성에 관한 회의록

꽃다지 보리뱅이 큰개별꽃
산 오르는 아침
떨어진 나뭇가지 하나
앞을 가로막는다 죽은
가지에서 전해오는 스산한 기운
지팡이로 건드려 보니 번개 빛보다
빠르게 몸을 늘려 도망치는
뱀 저, 배암

동물성은 식물성보다 언제나 길었다
식물성에 빌붙은 동물성을 살짝
두드렸을 뿐인데 순식간에 회귀하는
동물성을 보아라

한때는 무수한 잎을 거느렸지만
버림받은 것처럼
내쳐진 것처럼 세상
바닥을 찍은 것처럼 식물성
보호색을 입은 피해자 코스프레
숨긴 동물성이 후다닥
옷을 벗어 던지더니

S자로 몸을 휘면서 꿈틀꿈틀
산꽃 개꽃 메꽃 예쁜 이름 위를
쉬이익!
잘도 밟고 달아난다

고양이의 눈을 읽다

모두 나가고 텅 빈 집
고요는 깊어지는데
소파 뒤 고양이 한 마리 느릿느릿
정적을 밀어내며 나온다

헬로우-
선명한 눈꼬리로 머리를 들이민다

오랜만이에요
가르랑가르랑-
고독의 여백에 눈 맞출 제
들숨과 날숨 사이로 저녁이 흐르고
창밖에는 아침부터 비가 내린다

빗속에서도 들녘을 뛰어다니던 시절
서로의 눈에서 저녁을 엿들으며
발톱을 세워 꽃 같은 피를 시식하던
야생의 날 것처럼
가르랑가르랑-
더없이 고요한 세상에서 서로를 꿈꾼 우리
⟨

눈을 맞추어 주세요

동공은 동공 속에서 비로소 열리고 저녁으로 돌아가면
호랑이의 후예였던 갈대숲 너머의 물소리를 삼켜 버린
우물이 서 있던 그곳에는 지금도 달이 뜰까 누가
먼저랄 것도 없이 눈빛 속으로 휘몰아치던 고독의 이름
나비 날개 같은 눈으로 적요를 문신하던

고양이가 토해 놓은 침묵 둥글게 감는 저녁이 오면
일 나갔던 식구들이 하나둘 집으로 돌아온다

잠시 굿바이-

하루를 끌고 커튼 뒤로 몸을 숨기는 고양이
달빛에 새어 나온 고양이의 두 눈을 읽으며
적막을 핥아내는 밤이 왔다

그늘

내 그림자를 따라 걸을 때가 있다
무릎 이하가 잘려 나간
나보다 조금 작은 그늘,
가장 '나'다운 허상이 무거운 나를 끌고
걸어가는 것을 지켜본 적 있다

어느 막다른 골목에서 발목을 잃은 것일까
발목이 잘려 나갔는데도 닮은 모습
간절하게 보고 싶었던 나는 잘린 그늘이다

그늘에 고여 슬픔을 뉘어 본 적 있다
눈물의 빛깔을 기억하는 단 하나
나의 분신은 비스듬히 따라오다가도
표정을 지우며 납작해졌다
무게를 견디는 모습이란
나는, 단 한 번이라도 저 캄캄한 허물을
감싸안고 울어 본 적 있던가

빠져나간 물음표들이 실루엣에서
새어 나오는 불빛의 냄새를 기억한 듯

마지막 가야 할 종착역이 음영인 것처럼
그늘 속으로 빠져들어 갔다

감성 풍향계

화살표를 따라 걷는다
화살표는 기호이고 이름이고 위치
바람이 불어오는 내력이다
가리키는 방향으로 걸음을 옮긴다

기호, 이름, 바람,
셋 중 하나라도 외톨이가 되면
관측할 수 없는 미래의 별들
펄럭이던 바람은 어디로
가야 하는지 질문은 사각형이다

시간이 오른쪽으로 방향을 틀며
슬픔에 골몰할 때
시계 방향과 반대 방향으로 길을 돌린다
화살표가 있는 쪽이 바람의 방향이다
먹다 남은 빵
책상 위에 흐트러진 파스타
금붕어가 사라진 작은 어항들
방향을 잃은 것들이 명분이 된다

어디서 온 것인지 모르는 기호들

누구의 노래인지 모르는 화살표를 따라 걷는 밤
멀리 내다보이는 들녘
너머, 다시 바람길

덤보*를 위하여

이른 별들이
내륙에 걸터앉는 저녁
노을 속으로 하루가 귀가한다

빌딩과 나무를 이어주는 다리
하늘길은 누구의 건너편일까?

교각이 있다는 말은
무지개가 존재한다는 말이다
두꺼운 외투에 무거운 목을 파묻고
집으로 돌아가는 이들에게
안을 만질 수 있는 유일한 밖은 교각

메마른 당신 속으로 나뭇잎처럼
걸어 들어가는 저녁이다

* 뉴욕의 명소. 브루클린 다리가 보이는 동네 이름.

뿌리여, 바람이여, 감옥이여

이를테면 이런 것이다 바람이 세게 불면 나무는 더, 세게 흔들리고 뿌리는 그럴수록 나무의 몸통을 붙잡아 앉히는 것이다 갈 곳 모르는 손가락의 가느다란 끝을 표정 없는 돌멩이가 꽈악- 찍어 누르는 것이다

발목이 부러지는 것이다

당신이 그랬다 패스포트가 아무짝에도 쓸모없는 종잇장처럼 걸음의 맨 마지막을 통째로 씹어 버렸다 그런 당신을 사랑한 적 없다 당신을 위해 옷을 벗은 밤도 없다 꽃이 달빛에 젖어 몽롱하던 날 하체를 통째로 흔들며 넘어온 계절

그 실루엣으로 살았다 싸늘한 밤공기를 가르며 느리고 부드러운 신음이 골목을 떠다닐 때 별마저 몸을 뉘었던 밤, 당신은 나를 붙잡지 않았다 아니 희미하게 나를 걷어찼다 이방의 숲속에 나를 던져놓고 폭풍에 잘린 가지를 순결한 횡격막 속으로 횡포처럼 쓸어 담았다 까맣고 절실한 침묵 속에서 나는 길을 잃었다 길을 찾았다

한 뼘 감옥, 재외를 서성거릴 때 발목 잡은 뿌리가 자

유로운 것은 왜일까? 자유로워지기 위하여 한 꺼풀 두 꺼풀 옷을 벗는 사람들아 불빛이 젖가슴을 타고 흐르면 오디처럼 익은 유두 속으로 당신을 힘껏 빨아들이리라 젖줄을 타고 흐르던 것들이 부드럽게 농익어도 골목은 돌아오지 않는다

 이를테면, 가을이 오지 않는 가을 속에서 가을을 앓아 버리는 것이다 이름 모를 작은 우체국에 들러 나뭇잎 같은 편지를 읊조리는 것이다 떠나온 조국을 향해 불가사의한 술을 따르며 조금씩 풀어주는 것이다 찢어버리는 것이다 소외에 중독된 채로 서서히 미쳐가는 것이다 먼 도시 속에서 느릿느릿 어머니를 부르는 저녁에

 폭풍 속에서도 왜 가지는 뿌리를 떠나지 않는가 비가 쏟아질 것을 예감하고 있는가 잎은 뿌리로 가는 길을 왜 잊지 못하는가 왜 부러지는가 왜 흩어지는가 왜 흐르려 하는가 어둠의 끝까지 내려가 왜 당신의 부르튼 발을 만지려 하는가 떠나온 것이 아니다 아직도 낯선 길 위를 서성이는 나를 받아다오 통과하고 싶다 당신이 피운 꽃으로 무늬가 되고 싶다 생각 맑아져 내리꽂는 폭우처럼 흐느끼고 싶다

〈

　눈물이 되는 것이다 이를테면, 등짝에 칼을 꽂고 도망간 시간을 수배하는 여름꽃을 가을은 기억하지 못한다 그 불그레한 은유 속에 나를 가두는 것이다 안다 나는 안다 가지가 뿌리를 떠나지 못하는 이유를 시간도 결국 바람에 종속되는 속절없는 연유를 그러니 뿌리여, 속죄하게 하라 바람이여, 역류하게 하라 나는 애증의 감옥에 사는 죄수

　빙의하게 하라

냉동 오징어 손질법

도려내야 합니다
눈 위에 원을 그리듯 눈은
둥글게 떼어내야 합니다
칼보다 예리한 동공 조심조심
먹물 튀지 않도록 시야는
완전히 제거해야 합니다

칼은 눈이 없을 때 자유로워지므로
갈라야 합니다
용변으로 뒤섞여 살찐 배
잘못 찌르면 내장이 터져 나와
더러운 싸움으로 번지기 쉬우니
배의 속내를 알맞게 적출해야 합니다

적출한다는 말은 적발한다는 말이므로

물결을 등진 죄
불나방 집어등 빛을 탐닉한 죄
죽음의 이유가 감찰의 대상이므로
〈

없애주어야 합니다
머리 곧추세우고 바다를 호령했던 등뼈
중심을 무너뜨리고 뼈의 지지대를
최대한 부드럽게 해체시켜야 합니다

고발해야 합니다 입을
고발할 때는 이빨에 찔리지 않도록
민첩하게 들춰내야 합니다

벗겨내야 합니다
물 위를 튀어 오르던 은빛 날갯짓
투명한 햇살을 가르던 기억에서
찢어지지 않게 갈라지지 않게
결의 반대편 쪽으로 서서히
껍질을 밀어 올리듯 보여주어야 합니다

끊어내야 합니다
피 씻어내고
비린내와 미끈거림 모두 솎아내고
배가 고파도

끈끈한 빨판 잘라내어

부디 살코기만 먹어야 합니다

한 켤레의 시간

잃어버린 것인지 버리고 간 것인지
떠밀려 온 것인지
주인 없는 운동화 한 켤레
겨울 바다 모래밭 위에 누워 있다 발이

지친 실눈을 뜨고 먼 길을 돌아왔다
신발을 따라온 해구海鷗 한 마리
모래 위를 날아오르고
바위를 때리는 파도 외에는
아무도 없는 겨울 바닷가 모래 위

끈 한쪽과 다른 한쪽이 서로 묶여 있다
긁히고 깨지고 얽히고 뒤집히고
허둥대면서도 손 붙잡고 왔으리니
꼬인 채로 망가진 채로 손 놓지 않았기에
그 매인 힘으로 물살을 이기고
파도를 건너왔을 것이다

죽음마저 순해진 한 켤레
무덤에 누워서도 함께 별을 셀 것이다

노랑발도요새

네가 떠나자 허드슨 숲에 겨울이 왔다
두고 간 것은 강이 아니라 숲이었다
아무르로 가는 길,
나그네인 줄 알면서도
새는 계절을 작게 접으며 연명한다

떠난 것은 사라진 것이 아니라 생겨난 것이므로
노란 발목을 기억한 밤이 생겨나고
그리움에 젖은 오후의 발목이 그려지고
떠난 것이 아니라 태어난 것
노란 발들이 찍어놓고 떠난
발자국들이 흐른다

강변 벤치에 앉아 눈을 맞는다
물결이 물결에게 구름을 건네며
발자국 위에 채곡채곡 눈을 쌓는 새가
휘파람처럼 지나간다

길고 곧은 부리로 그려 넣은 새의 눈꺼풀을
성경처럼 읽는 저녁
땅 위에 둥지를 튼 새는 떠나고

날개는 길고 꼬리는 짧은
슬픔 하나 들키지 않은 새

겨울이 떠난 뒤에도
노란 발들이 물 위를 떠다니며 길을 묻는다
어떤 새는 다리가 짧아
고향으로 돌아가지 못했다

블루베리가 익어가는 마을

마을은 모래땅 위에 세워졌다
차가 지날 때마다 모래바람이 솟구쳐
입을 틀어막고 안녕을 묻는 곳
묘목을 심지 않아도
꽃이 일가를 이루며
계절마다 야생의 열매가 자라났다

순을 쳐 주는 자는 아무도 없었다
부시를 베어주는 사람도 없었다
간헐적으로 내리는 비에 허리를 굽히고
이랑을 내어 줄 뿐 습하지 않도록
물길을 뚫어 주면 맨 마지막까지
꽃을 위해 계절이 서 있었다

이웃 마을에서는 방사형 최신 기계로
열매를 수확한다는 소문이 자자했지만
생명을 신봉하는 마을 사람들은
잘 익은 열매는 건드리기만 해도
스스로 떨어져 열매가 된다는 것을 안다

추수한 블루베리가 식탁에 올려지는 날이면

마을에서는 파티가 열리고
아낙네들은 블루베리 꽃향기 그윽한 마당에서
여름의 안부를 물으며 겨울을 꿈꾼다

저녁별이 지붕 위에 쏟아지면 추수에
시름을 놓은 마을 사람들은 올해도
풍년이었다고 서로의 등을 토닥인다

2부

틈에서 소리를 건지다

끊임없이, 틈

바람과 빛 사이 피어오르는
꽃을 보라 물과 결 사이
출렁이는 파도를 보라
생명은 남과 여의 틈 속
음표와 쉼표 사이 외로운
음악이 되어 태어나는 것 어둠과
빛 사이의 벌어진 여명처럼
산다는 것은 틈을 비집는 일
서로의 빈 곳을 끝없이 어루만지며
종말을 향해 달리고 또 쓰러지는 일
유정과 무정 사이의 이별이 그렇듯
가을과 겨울 사이에 더운 장마가
그렇듯 너와 나 사이
간격 속에 흐르는 썩지도 않는 간극,
발원을 묻지 마라
기원의 족보를 가진 슬픈 족속이다

소리 속으로 뛰어들어

　꿈꾸어 본 사람은 안다 별과 대지 사이의 주름 속에 빛을 닮은 그림자가 드리워져 있다는 것을 툭! 이유 없는 눈물이 터져 나오고 쨍그랑! 깨질 것 같은 오후가 근육처럼 뭉쳐지면 사랑이 시작되고 떠난다는 것을 벼락이 치는 소리에 쾅! 불덩이를 끌어안는 것이나 번개처럼 머리를 스치고 지나가는 섬광에 탁! 최후의 통첩을 예감하는 무릎은 무엇이 다른 걸까? 세상 모든 발음체에는 뒷모습이 존재한다 탁!과 툭! 사이를 건너다 미끄러진 것이 청춘이다

　무게를 놓아버리면 쿵! 무게를 초월한다 침묵이 동작으로 변하며 빙결의 소리를 낸다 그리운 자가 먼저 소리의 앞 고름을 풀 것이다 별이 땅으로 폭주하는 밤 뒤축 밟힌 양철 지붕 위에 후드득- 떨어지는 것들이 별이다 어둠은 별똥을 구원하기 위해 아침을 부른다 눈에 보이지 않는 주파수 흑!과 백! 사이를 먼지처럼 떠다니며 소리는 더 큰 소리를 만나 비로소 작아진다 그것이 객사의 원칙이다

　소리가 아닌 것들에게 귀를 열지 말자 그림자를 토해

내는 이명의 옷을 입는 소리, 거울 속으로 뱉어진 메아리
에 아듀- 아듀- 손을 흔들며 굿바이- 몸을 던진다

한 올의 슬픔

한 올이 나를 찌르던 그해, 스물이었지
한 올로 찢기어 더운 계절을 바스락거리고
슬픔에 몸을 기댄 채 맑게 펄럭였지
한 올의 깃발처럼 고독을 때렸지

청춘의 끝에는 예리한 갈퀴가 달려 있어
한 올이 되어 뒹굴고
지푸라기처럼 흐느꼈지
종말처럼 물들어갔지

한 올에 대하여 묻는 자는 한 올의 새가 되어 날아가
리니

머리카락 한 올도 잃어버리고 싶지 않은 밀랍의 시간
짧은 한철에 일어난 일이었지
바람을 베어 달아난 산국은 돌아오지 않았지
폐부 깊숙이 비수를 꽂고 눈빛으로 흐느끼던 그
청라의 목소리

빈손이었지
들리지 않는 것에 접속되어 귀머거리처럼 서걱거리던

맨손이었지

한 올이 긴 혀를 내밀어 상처의 언저리를 핥아 줄 때면
뱀처럼 말라갔지 꿈틀거리는 뒷면이 되었지
불면이 되었지

슬픔 한 가닥을 길게 뽑아 혀로 꾹꾹 씹었지
한 올의 실을 목구멍으로 삼키며 하얀 방을
나비처럼 빠져나왔지

빠져나온 것들이 한 잎 두 잎 낙하하고
성충이 된 듯 어른이 된 듯
가늘고 긴 울음들이 한 가닥씩 벗겨지던
무소의 뿔처럼 견고했고 삐걱거리지 않았지

저녁 내 비가 내려도
다시 별이 되었지

마트료시카* 인형 접기

밖으로 밖을 들어 앉히는 것이다
안으로 밖을 감싸안고
몸체를 접어 넣는 것이다
모난 것을 쳐내고 진피를 벗고
닮아가는 것이다
안을 들어 앉히기 위해
무게를 덜어낸 용맹의 무사들

채색하는 것이다 측면을
몸 안에 몸을 기댈 수 있게
옆구리를 지우고
체온을 버리고
사람이 되는 것
눈물처럼 스며드는 것이다
질량으로 닮아가는 것이다

새벽별이 헹구어 낸 밤의
끝을 끌어안고 교차하는 것이다
안을 옮기고
밖을 접고
몸이 몸을 안아

나라를 이룩하는 것이다

* 큰 인형 속에 작은 인형이 계속 들어 있는 러시아 목제 인형.

는개 눈개 눙개

서울에는 는개가 내리고
뉴욕에는 눈개가 내린다
눈개와 는개는 한 끗 차이지만
아랫목에 배를 깔고 눙개를 먹던 저녁
기억 속에서는 눈개가 내렸고
지구 건너편에서는
는개가 흩뿌려지고 있다
는개가 그림자를 잠재우면
시간이 굵어지고
공중을 떠도는 먼지를 데려온다
먼지를 잠재우는 일이 남는다
한 발 뒤로 한 발 앞으로
가냘픈 목들이 숨을 내쉴 때
교차점은 겨울이다
시時 같은 는개 내리고 음악 같은
눈개가 발목을 덮으며 떠내려온다
눙개를 끓이며
이방을 건넌다
어디에서 왔는지 묻지 말라
뿌옇게 흐린 계절만 있을 뿐
웃자란 국화가 곧추서고 이따금

하늘을 찌르는 기행이 일어날 것 같은 예감
안개보다는 짙고
이슬비보다는 가늘게 내리는 는개가
눙게라는 것을 안 것은
겨울이 지난 한참 후였다

* 는개: 안개보다는 조금 굵고 이슬비보다는 가는 비.
* 눈게: 없는 단어임.
* 눙게: 누룽지의 방언.

눈물 사용 설명서

친구는 안구 건조증이라며
핸드백에서 작은 약병을 꺼내 열고
인공눈물 몇 방울 눈 속에 떨어뜨렸다

죽은 아들 이야기를 하던 중
'이놈의 안구 건조증 때문에…'라며
눈물이 뺨 위로 흘러내렸다

먼저 간 자식 눈물도 아깝다더니
더 이상 울 힘도 없다더니
눈 안쪽 깊숙이
눈물을 들이는 친구에게
슬픔의 노크 소리가 들렸다

하늘에 따지듯 고개를 쳐들고
물약을 눈에 넣던 친구
깜빡이듯
눈을 여러 번 감았다 뜨더니
시력을 잃은 사람처럼
눈을 치켜뜨고 고개를 내젓던 친구는,
눈물 마르는 병을 앓고 있는 중

〈
눈물층에 이상이 생길 만도 하지
하루아침에 생때같은 아들을 잃었으니
세상이 뻑뻑해지면서
천 길 낭떠러지 시력이 깜깜해져
퍼내고 퍼내다가
씻고 또 씻다가
오장육부 물이 바닥까지 말라버렸을 터이지

친구의 병명은 안구 건조증
눈물의 진피를 바꾸기 위해
가짜 눈물로 병을 치료하는 중이다

무덤까지 데리고 가야 할 듯하다

제외가 재외처럼 울 때

나의 이름은 재외,
사람들은 나를 재외라고 부르지
혀가 짧아 제외除外를 재외在外로 발음한 것이
이름으로 굳었을 뿐이지
익숙해지겠지
풀꽃 같은 우리의 제목은 제외,
성스러운 구분이지
재외를 즐기는 이들은 제외를 모르면서 웃지만
먼지가 되지
비장을 건드리는 날이면
마른 나뭇잎처럼 바스러지면서
송 오브 러브
재외在外가 되지
나의 별명은 제외된 고독,
혼자라는 섬의 이름이지
꽃망울이 터지는 것도
재외의 분량이기는 마찬가지
재외와 제외의 틈이 형용사의 밖인 것처럼
제외일 뿐이지
뜨락에 별이 내려와 밤새 울다 가도
바람은 이름을 기억하지 않지

우리의 별명은 성스러운 제외
이방에 체류하는 긴 눈물이지

앵무조개

떠난 후에도 잘살고 있는가요? 입술을 천천히 그리거나 눈썹을 뭉툭하게 지우며 사는 건 아닌가요? 머리를 감는 데 지장은 없는가요? 추억의 개체 수 때문에 사는 데 불편은 없는가요? 숨을 들이마시며 부유할 때 뒤가 보이지 않는 것은 아닌가요? 슬픔이 한 바퀴 돌 때마다 맹독이 촉수를 이동시키는 저녁이면 남은 것은 껍데기뿐 우리, 뒤돌아볼 수 없을 때까지만 사랑이라고 부를까요? 이별은 뼈를 만들지 못해 패각 속으로 유연한 그리움을 채워 넣었지요 돌진하는 껍데기는 시간을 삼키지 못해 다시 물어요 이별 후에도 밥은 잘 먹고 있나요? 열리는 듯해도 이내 닫혀버리는 무덤처럼 밤을 지새우는 건 아닌가요? 나선무늬의 기억들이 벽을 쌓아 올려 빈방이 되었어요 바람은 어디에도 없는데 돌아와 달라고 손잡고 걷던 골목을 물결처럼 그려 넣은 당신, 바닷길을 되돌려 내게 오고 있는 것은 아닌가요? 물결이 껍질 하나를 싣고 와 시간을 펴 보이는 밤 당신, 내게 오는 길을 영영 잃어버린 것은 아닌가요?

피아니스트

　우리 집 피아노는 장식용이 된 지 오래다 시를 쓰기도 시간이 모자란 주인 덕분에 십여 년 자궁을 떼어내고 서 있는 피아노의 건반
　당신은 피아노를 치나요? 아뇨, 피아노가 나를 연주하지요
　음을 상실한 사람들은 피아노를 때리지 않는다 피아노를 오래된 장롱이라 부르는 것은 은하수 벽에 납작하게 붙어 죽어버린 우주 파리를 닮은 별자리의 음계들이 떠돌아다니지 않는 방을 본 후, 세상은 반음이다 그리운 사람이 먼저 피아노 뚜껑을 여는 것 온음이 되지 못한 것들이 천체 한복판에서 물방울처럼 떨며 튀어 오르면 검지손가락으로 검은 건반 한 개를 두드려 본다 정해진 목소리가 들린다 음들의 정조는 지극히 토속적인 것이어서 고수는 하얀 머리를 검은 고무줄로 묶은 채 기다리면서도 튜닝하지 않는다
　반음계씩 절제하며 끌어올리는 음악, 슬픈 1악장이 열리고 옥타브와 옥타브를 메뚜기처럼 날아다니며 추락하는 청춘의 피날레 사랑은 음계를 연습하다가 반음으로 막을 내렸다
　당신은 피아노를 치나요? 아뇨, 내가 피아노입니다
　별을 만진 사람들은 반쪽의 그늘이 되고 악기가 손가락을 잃은 저녁이다

곤쟁이 눈

막 지은 흰 쌀밥 한 숟갈 떠
곤쟁이젓갈 얹어 입에 넣는다
딸려 나오는 수백 개의 시선들
작은 곤쟁이에게도 눈이 있었던 것
죽어서도 까만 눈빛이 빛난다
나 먹고 잘사나 보자
곤쟁이 눈동자의 중심점이
기색을 주시한다
허기는 수백 개의 눈을 지우며
배를 치워간다
몸이 10할에
눈이 9할인 미물의
이목과 안광의 맛
작은 곤쟁이도 눈의 정기가 있는데
식욕은 시선을 한입에 삭제한다
눈초리로 허기를 채운 날이다

와이어로 사람 모형 만들기

구부리고 잘라내고 일그러뜨리니 보인다
동그라미를 여러 번 반복한 머리는 설명이 길다
비틀고 망가뜨리니 비슷해진다
꺾고 부러뜨리니 겨우 흉내를 낸다

머리와 가슴 사이에 꼬여 있는 선과 줄
감았다 폈다 오므렸다 벌렸다 하면서
와이어에 찔려 피가 난다 그래도 고맙다
사람보다 쉽게 구부러지는 것이

얽히고설킨 동그라미 속으로
내장까지 훤히 들여다보인다

바람의 행보

그녀의 마른 몸은 병실 창가 쪽으로
기울어져 있었다
얼굴에는 가끔씩 파스텔 톤 같은
미소가 번졌지만 미약했다
나무와 나무 틈 속에서 자란 바람
나무가 된 바람 몸 감추려
바람을 등에 업고 떠날 것 같은 예감을
그녀의 가족은 알고 있었다
바람에 닦여진 길은 막연했다
나뭇잎 같은 그녀의 손을 만지면
바람이 잦아들어 시리도록 고요한 온기
휑한 눈 깊숙이 쿨럭쿨럭 새어 나오던
기침 소리마저 잠든 날은
목련이 마당을 하얗게 뒤덮은 날이었다

정오의 피트니스

피트니스의 한낮
사람들이 북적인다
뛰고 달리는 사람들
백번 천번 뛰어봐도 제자리다
고혈압 환자다 고지혈증 환자다
당뇨 천국에서
생업에 근육을 빼앗긴 마른 팔들이
근육을 키운다
단 것으로 묻어버린 시간이
저하된 청력으로 몸을 파낸다

등짐 지고 살아온 이들의 약은 체중 부하
무슨 짐을 더 져야 한다는 말인가
짐의 가중이 치료의 원천이라면
왜 그토록 등짐을 벗어버리려 몸부림 쳤던가

시간에 뒤틀린 어깨들이 아령을 들어 올린다
무게에 근육이 찢어지고
신음이 터져 나오는 정오의 피트니스 쿵!

역기를 놓친 한 시절이 서럽다

3부

불손한 바이링구얼

귀를 옮기다

    이발하고 출근한 직장 동료에게 "Did you move your ear?"라고 묻는다 농담 한마디에 옥수수알처럼 촘촘히 박힌 이를 드러내며 종이 구겨지는 소리로 웃는 동료 "Yes, I Moved my ear" 귀를 옮겼노라 말하며 수줍은 듯 손가락으로 머리를 쓸어 올린다 풀처럼 일어서는 금빛 머리칼 귀가 다시 보인다 눈을 가리고 이마를 가려 보이지 않던 귀가 들린다 그의 귀는 바리톤, 얼마나 노래를 부르고 싶었을까? 귀 아래 있는 세상 너무 높아 듣지 못한 것들 너무 커서 만날 수 없었던 것들 나지막이 마주하는 아침 환한데 십 년 동료가 귀를 긁적이며 내게 묻는다 "coffee?" 나도 덩달아 귀를 긁적이며 귀를 청한다 "Please" 귀를 악수한다

이중언어

깡통은 캔이야 캔은 캔디가 있으니 캔이야
비는 레인이야 비 온 후 레인은 레인보우야

엄마는 맘이야 그럼 맘이 뭐야?
맘대로 했으니 엄마가 맘이야

맘mom이 맘이면 마음은 뭐야?
맘을 붙잡지 못하고 떠나보냈으니
맘mom은 마음이야

당근은 캐롯이야 캐롯은 홍당무?
홍당무는 부끄러움이야
채찍과 당근?

홈은 가족이야
왜 구멍은 홀이야?
홀은 홈이야?

음감 좋은 엄마는 날마다 똑같은 노래를 불렀다

두 개의 언어가 섞이면 오히려 선명해졌다

장가를 가장으로 읽는 아들과
격돌을 돌격으로 발음하는 엄마가
한 문장에 두 가지 말을 섞으며 살았으니

오, 불손한 바이링구얼
사랑이 다중의 언어를 공손하게 잠재웠다

엄마는 맘이야
마음이 맘이니까 마음이 엄마야
안과 밖이 똑같은 맘
맘이 떠난 후에야 맘은 엄마를 부르며 울었으니까

한 개의 언어에 두 개의 말투를 섞으며
사십여 년을 살았다
그 어떤 것도 완벽하지 않았다

선더버드

사람들은 새를 보았다고 했지만
새는 전설 속에 있었다
사람들은 타조보다 커다란 새가 하늘을 날아다니며
제 몸보다 큰 소를 낚아채 그늘을 만들었다고 했지만
우레와 번개가 조우하여 괴조 같은 집을 지었을 뿐

슬픈 계절의 추종자 신화 속에 성전을 짓고
번개 같은 날개로 단 하나의 정령精靈이 된
나의 부족 나의 시민
흑빵 같은 사랑의 벼랑을 향해 몸을 투신한
나의 원주민 나의 토착신
빈티지 톤으로 내뿜는 나의 두터운 계절

둥지 없는 사람들이 서로의 품에 안겨
무덤이 될지도 모르는 전설을 말하리라
경건한 침묵이 이어지고
눈빛이 눈빛에게 말을 이어가고
비명에 가까운 환호성이 터져 나오고

마을에 비가 내리면 새를 찾아 나선다
들녘에 퍼지는 초콜릿 냄새를 맡은 사람들은

바다 위에 펼쳐진 노을을 향해 소리쳤다
거대한 새를 찾아 어디까지 걸어야 하는지
중력도 가속도 밑도 끝도 없는
날개에 대한 소문만 무성할 뿐

거대한 괴조가 운명을 바꿀 수 있다고
믿는 사람들은 낙원을 지었지만

낙원 속으로 추락해갔다

스핑크스

사라진 것들은 부유할 이유가 있다
침묵하는 코와 입술
영토를 수호하는 바람은 혼혈을 거부한다

냄새가 없는 것들은 표정이 없다
틀린 답을 가지고
억만 광년을 걸어온 사막의 별들
돌을 높이 쌓아 올리면
성전이 될 것이라 믿었던 것

수수께끼를 풀지 못하는 사람들은
태양이 떠오르는 동쪽을 향해
목을 길게 빼고 불멸을 기다렸다
황금빛 노을이 얼굴 뒤로 느리게 멈추어 서면
그 너머가 마지노선이었다

잠들었는가?
코를 부수면 살아날 수 있는 것인가?
파라오를 만나게 해 다오
허물어진 것들이 적막하다
가만히 있어도 외로워 보인다

길을 비켜 다오
사각의 뿔을 가진 기억이 늑골에 쌓인다
거짓말은 없다

떨리는 눈꺼풀과 사그라지지 않는 심장이
적막처럼 들린다
반은 동물이고 반은 식물인
한 번도 누워 본 적 없는 빛을 받들고
냄새를 영원히 지워버린
영영 잠들지 못하는 당신

보카시* 스웨터를 입은 당신에게

검은색의 털실과 흰색 털실을 섞어 짠
솔리드 스웨터를 입은 그녀는 블랙 톤
청결한 흰색이 스며든 햇빛을 받으며 걸어간다
몇 개의 빛깔이 만나 여기까지 왔을까?

그녀의 오늘은 검은색과 흰색의 보카시
이 색도 저 색도 아닌 스웨터를 입고
회색의 도시로 출근을 한다
이 계절도 저 계절도 아닌
데일리 룩은
여러 개의 빛깔이다

이 색도 되고 저 색도 가능한
이 색도 아니고 저 색도 아닌
오늘은 러스트 내일은 메탈릭
녹슬지 않은 금속성
한 가지만을 고집하지 않는 다중직조가
건널목 신호등 앞에 선다

그녀의 밤은 오늘 그녀의 아침은 내일
냄새는 어디쯤 서 있는 것일까?

다중의 스웨터를 입은 그녀가
댄디한 것처럼
센스 있는 것처럼
흰색과 검은색이 섞인 스웨터를 입고
부드러우면서도 까끌까끌한 바림의
보카시 스웨터를 입고 일을 나간다

몇 개의 상처와 몇 개의 새살로 엮은
색색의 지붕이 보이는 일터로 향한다

* 보카시: 여러 색깔의 실을 섞은 것이 이어져 연결된 것.

애니멀 피플

겨울이 깊어지면 뒷마당 숲속에
사슴이 뛰어다닌다
눈이라도 며칠 쏟아지면
은빛 화살처럼
떼 지어 뛰어다니는 사슴들의 행렬
눈보라 칠수록 전심으로 달린다
발바닥이 어지간히 딱딱한가 보다
딱딱한 사슴의 발은 한때
나의 발이었을지도 모른다
연한 것을 골라서 먹던 발바닥이
무늬가 닳아 야생의 울타리를
경중경중 넘나든다
심장은 얼마나 뜨겁게 돌팔매질할까
나도 그랬다
이방의 냄새를 감지하면서
사슴의 목처럼 속살이 거죽으로 변했다
사슴의 뿔은 흉터다
신은 사슴에게 뿔을 하사했지만
사람들은 그 뿔로
피리를 만들어 조롱했다
공격과 방어를 거듭하면서

뿔 난 채 살아온 세월
단단한 발바닥이 야생의 눈밭을
뛰어다니게 했을 것이다
동공은 종잇장처럼 얇아졌으리라
근육을 키운 다리는 순해져
차가운 눈밭을 저렇게 미친 속도로
달릴 수 있는 것이다

페널티킥

수만 개의 눈이 한 사람을 지켜보는
순간은 세상도 숨이 멎는다
선수가 골대를 향해 육각 무늬 공을 찬다
정지된 세상에서 던지는 승부의 포물선
시선의 갈채 속에서 패가 열린다 골인!
골문을 막고 있는 골키퍼가 쓰러진다
나도 저렇게 온몸을 던진 적 있다
역전 골 만회를 꿈꾸며 하프 라인에서
누구에게도 패스하지 않았던 청춘
중앙을 중심으로 반지름이 그려진 세상을 향해
바보 확률 50프로
영웅 확률 50프로
승부차기에 올인했을 때
청춘의 심장은 폭죽처럼 터지고
루저와 위너를 오가며
심장 터지도록 달렸다

세상은 언제나 프리킥, 반칙처럼 보여
하루에도 수십 번 주먹을 쥐곤 했던
그 시절 찬 공은 지금도 돌아오지 않았다

샅바 게임

  인사는 샅바를 잡는 것이 시작이다 당길 때 감지되는 근력이 겨울 장마보다 길고 외롭다 누가, 어깨 너머의 숲과 나무를 본 것일까? 밖을 먼저 본 자가 이긴다 넘어뜨리기 위함도 들어올리기 위함도 아니다 비의 무게를 재듯 결 한 올까지 탐지하면서 몸을 온몸으로 끌어안고 고독의 맨 끝자락에서 딸려 나오는 슬픔의 무게에 귀 기울이는 것, 몸 바투 잡은 끈으로 승리의 손잡이를 만드는 것이다 당김과 밀어냄 사이에 흐르는 팽팽한 힘을 고독이라 부르자 승패는 밖을 안으로 밀어내어 내동댕이쳐 버리는 것, 슬픔의 근육을 먼저 벗어 던지는 자가 승리다

소리의 문

나는 A, 소리를 설명하지 못합니다
의사가 물으면 딩동댕 사르륵사르륵-
의성어와 의태어로 말할 뿐
음절과 음폭을 흉내 내지 못합니다

시도 때도 없이 귓속을 건너다니는
소리를 그려내지 못합니다

소리가 차임벨 같은 날이면 나는 B,
방을 뛰쳐나가 대문을 엽니다
어머니가 보이기도 하고
따뜻한 밥이 아랫목에 묻혀 있기도 해
문이란 문은 모두 열어 놓습니다

소리가 비 흩뿌리는 날이면 나는 C,
우산을 쓰고 거리를 배회합니다
발소리 들리는 날이면 나는 D,
하루 종일 오지 않는 친구를 기다립니다

누가 나의 귓속에 살고 있는 소리를 빼 주세요
애원하면서도 토해내지 못하는

나는 A B C D

의사는 소리를 잡고 놓지 않는 것이
이명의 원인이라고 합니다
주먹을 펴고 소리를 편안하게 놓아 주라고
돌멩이를 버리듯 내던져 버리라고
그런 날이면 나는 A.B.C.D.
소리를 더 긁어모아 소리를 섞은 후
좌우로 머리를 세게 흔들어 봅니다

잡히지 않는 소리들이 귓속을 떠돌면서
바람이 되기도 하고 비를 내리기도 합니다
소리를 귀에 담고 다니느라 세상이 무거워
하루에도 여러 번 고개를 떨굽니다

소리가 쏟아지면 고개 들어 하늘을 봅니다
채곡채곡 소리가 쌓입니다

소리가 웁니다

사랑니 발치 추천서

입 크게 벌리고 웃어도 누구도 입안
깊숙한 곳은 보지 못했다 발치의 이유는
손길이 닿지 않았던 연유
누렇게 변한 나의 안쪽
침묵하며 살아온 나의 최 구석
내부를 본 자는 아무도 없다

의사의 쇠갈고리나 망치 따위가 가끔씩
툭툭- 몇 번 겁박하긴 했지만
비스듬히 태어난 것은
평이의 행렬을 비웃으며 누구도
운명의 매복을 진압하지 못했기 때문

옆이 문제가 되었다
썩어가며 품은 독으로 치받은 것
최 구석은 태어날 때부터
똑바로 살 생각은 없었던 것
비스듬한 돌격만이 방어였을 것이다
주먹을 다지면서 시간조차 모르게
별것 아닌 것을 별것으로 만들었으리니
〈

오늘 나는 나의 영구치 하나를
고독이란 이름으로 고발하려 한다
가장 나의 구석
지독하게 외로웠던 뿌리를
세상 밖으로 멀리
내던져 버리려 한다

폴리스 리포트

프리웨이를 달리는데 순간적으로
앞차가 멈추었다
나는 순식간에 브레이크를 밟았다
뒤따라오던 뒤차가 끼익- 급정거했다
밀린 속도를 핥아낼 자 누구인가
목격자는 둥글고 순한 눈의 보름달
구급차 사이렌 소리에
새 떼들이 구름을 타고 산을 넘어갔다

첫 번째 차는, 속도를 흘린 죄
두 번째 차는, 첫차의 급정거를 흉내 낸 죄
세 번째 차는, 정지에 속도를 토한 죄
속도에 물린 것들이 속도에 긁혀
속도를 토해내며 피 흘린 날
앞차의 꽁무니가 터져 나갔다
뒤차의 대가리가 떨어져 나갔다
나는 앞에 넘어지고 뒤가 깨졌다

누구도 속도를 취하하지 못했다
속도의 꼬리를 자르지 못했다
속도를 핥아내지 못했다

예감을 끌어안은 이별

이별은 과거와 현재를 혼동할 때 시작한다
'한다'와 '했었다' 사이에서 명분을 잃고
시간은 기억을 애무하며 목을 조른다

부사로 행해진 모든 것들을 용서하기로 하자

이유를 묻지 않는 것
'한다'와 '했었다' 사이에서
가까웠던 것들이 멀어지고 싱싱하게
뿌리내리며 갈피 속으로 멀어지는 것들
다시 한번 혼돈하며 '진다'와 '졌다' 사이
발등 위를 수북이 덮어오는 잔상들아
시나브로 접어들어라

이별을 말리우다

미래 속에 과거를 끼워 넣는 자에게
음악은 없는가?
어둠이 깔리면 빗소리가 떨린다
누가 슬픔의 건반을 두드렸는가?

그리움으로 음악을 만든 자
슬픔의 멜로디는 없는 것이냐고
목소리를 묻는다

짧은 뒤에서 긴 앞을 보았다
차가운 등 뒤로 비가 내리고
베이지색 트렌치코트의 뒤 섶이 젖을 만큼
파지처럼 구겨지던 울음
이별은 몇 번의 몸을 바꾸었는가?

나와 너 사이에 놓인 길
정지된 계단 위에 놓인 제라늄 화분
그 위를 모자처럼 덮어씌운
시리고 시린 냄새들 물고기처럼 떠다닌다

네가 머물던 밖과 안은 안녕한가?

홑겹인 사랑은 왜 음성이 없는가?
말리운 꽃이 핏빛으로 열리는데
침묵이 귀를 열어주는데

누가 우리를 위해 노래를 불러 줄까?
뒷모습은 왜 재가 되지 않는가?
타오를수록 먼 것의 투명함이
악보를 혼자 넘기는 쓸쓸한 날이다

벼랑을 사다

 동네를 돌아 나오자 노란 집이 보였다 이 씨 아저씨 살던 집 7년 전 세상을 떠났는데 그대로 있다 손바닥만 한 정원에 세워져 있는 바비큐 그릴 이글거리는 고기를 뒤집던 쇠집게는 마당 낮게 던지어져 있고 한때는 네 식구가 살던 집 눈이 동그란 아내와 반딧불처럼 웃던 두 딸은 편지 한 장 남기지 않고 어디론가 사라졌다 이 씨 아저씨는 생선가게를 운영하면서 이 집을 지었다 새집이 완공되던 날 파티를 열었는데 반질거리던 문고리를 열면 해가 반쯤 걸려 있는 부엌 쪽창이 보이고 더운 방안에는 정리하지 못한 옷들이 산더미처럼 쌓여 있었다 한 발도 내디딜 수 없었던 좁은 뒷마당, 벼랑을 향해 뚫려 있던 커다란 거실 창문 낭떠러지에 걸쳐 집을 짓느라 평생을 미열 속에 살았던 이 씨 아저씨 새 집주인은 뜨거웠던 벼랑의 값을 치르고 집을 산 것일까? 이제는 낯선 차가 주차되어 있는 집 읽지 못한 책처럼 다시는 거실문이 열리는 것을 보지 못할 것이다 한 발자국조차 내디딜 수 없던 창밖, 그 험하고 가파르던 낭떠러지에 대해서는 기억하지 못할 것이다

4부

여섯 개의 촛불에 불을 댕기며

청춘 서커스

서커스 단원이 입에서 불을 뿜어내자
관객들이 환호하기 시작했다
뜨겁지 않은 것처럼 곡예사는
불을 입속에 넣고 꿀꺽 삼켰다
몇 리터의 불을 삼킨 것일까 입에서
몇 배의 큰 불덩어리를 토해냈다

불로 꿈꾸는 위태로운 곡예사는
불을 삼켜
불로 불을 지피고
불을 불로 끄면서
뒷배도 없는 심장은 또
얼마나 뜨겁게 뛰었을까?

화염이 허공에 불을 지를 때
불을 다루는 자는 안다
불을 먹어야 불을 끌 수 있다는 것을
곡예의 소재와 오브제는 불
타버린 일생에
딱 한 번 추었던 춤이었다

먹먹한 막

삶은 달걀을 까다 보면 흰 막이 나온다
안을 감싸고 있는 얇디얇은 껍질
조심스레 벗겨내도 살점이 떨어지기 십상

안을 둥글게 둘러싸고 있는 엷은 우주는
안이 무엇이길래
제 몸 찢어지도록 물러나지 않는 것일까?
무엇이 통째로 생을 던지게 만든 것일까?
막은 질 막 속에서도 눈을 감지 못했다
속살인 줄 알았는데 껍데기다

순직한 것도 모자라 죽어서도
안을 끌어안고 있는 뿌연 막
죽기 전에는 안 된다고
내 새끼 해치려면 나를 먼저 밟고 가라고
길 위에 드러누웠다

우리 어머니도 그랬다
자식을 품에 안고 전생을 털어 넣었다
그 막으로 안이 몰랑몰랑하게 커 갔다
갑옷이었던 어머니

죽어서도 어찌 손을 놓을 수 있었을까
막을 벗기려 하면 끈끈한 속살이 딸려 나온다

삶은 달걀의 껍질을 벗겨내며 알았다
죽어서도 속을 부둥켜안고 있는 껍데기를
살아 몸부림치는 겉을

여섯 개의 초에 불을 댕기며

생일 케이크 위에 꽂힌 여섯 개의 촛불을
한 번의 호흡으로 꺼야 한다고 했다
한 개 곱하기 열, 환갑의 나이를
나더러 숨도 쉬지 않고 끄란다
육십 년을 여섯 개의 초 태우듯 바삐 살았으니
단숨에 끄지 못할 것도 없으리니

가슴을 열어 숨을 최대한 들이마신 후
내 생애 가장 큰 숨을 불어냈다
머리가 띵하고 숨이 멎는 것 같았다
여섯 개의 촛불을 단숨에 끈다는 것이
이렇듯 버거운 일이구나
육십 평생 살아온 것들을 단번에 끄고
다시 시작한다는 것이
이렇듯 숨 막히는 일이구나

'아직까지는 할 만해'라면서도
육십 번 슬프고
육십 번 배고프고

육십 개의 눈을 매단 나를 향해

뜨거운 건배를 권하며
육십 번 기도하자고
육십 번 용서하자고
육십 번 사랑하자고
여섯 개의 초에 다시 불을 댕겼다

서쪽으로 지는 노래

지는 나무는 바람을 관장하지 않는다
배우거나 무용에 관여하지도 않는다
어떤 가지도 수정하지 않는다

지는 나무는 그늘을 옮기지 않는다
꽃에도, 가시에도, 열매에도
눈먼 노래를 가르치지 않는다

무관無關이 무관無官 되어도
참여하거나 종속하지 않는다
무언의 예식 중일 뿐

지는 나무는 이야기를 엮지 않는다
상관이 상관上官 되지 않게
관계하지 않는다

떨어지고 휩싸여도
우주의 소리를 놓지 않을 뿐
한 잎 바람도 평하지 않는다
한 줌 꽃도 번역하지 않는다

방목의 생각

누가 등을 떠민 것일까?
꽃이었던 기억도 열매였던 시절도
어디가 끝이고 어디가 시작인지
알 수 없는 힘에 발이 풀린다
원해서도 아니고
죽고 싶어서도 아니다
밑바닥에서 전해오는 뿌리치지 못할 공기
매달리고 싶지 않을 뿐,
햇빛을 탐닉한 것을 갚을 시간이다
늙은 귓속에 바람이 속삭인다
낙법은 모른다
버렸을 뿐
손을 놓았을 뿐

익은 것은 떨어진다

눈물의 무게

친구는 나이 사십이 되면서
어깨 뽕이 들어간 옷이 무거워
모두 내다 버렸다고 했다
나는 나이 오십이 되면서부터
무게를 느끼기 시작했으니
늦은 나이에 무게를 배운 것
요즘 들어 신발이 무겁다
핸드백도 무거워 견딜 수 없다
빗도 거울도 지갑의 동전도
왜 이다지 무거운 것일까? 겉옷은
어깨의 뽕을 떼어 버렸는데도 무거워
견딜 수 없다 덜어낼수록 보이는 무게
안 보이는 것의 무게마저 무겁다
눈물의 무게는 얼마나 무거운지
가슴 저 안쪽에 떼어내지 못한 울음

황야의 고독사

이제 고독을 부검할 시간, 헝클어진 머리카락 침묵을 가르고 파멸을 증명할 시각, 흰 가운을 입은 의사가 사체에 인사를 했다 예리한 칼이 사건의 그림자를 벗겨내려 고독의 한가운데 깃발을 꽂았다 고독을 엿듣기 위해서는 시점을 되돌려야 한다 숨을 세게 두드리자 멍이 입을 열었다 머리와 이어진 귀는 그새 혼자에 익숙해진 듯 자꾸 옆쪽으로 기울었다 촌음을 절개하니 상처가 말을 시작했다 누가 숨을 멈추게 했을까 무엇이 임종의 배경이었을까 고독사와 돌연사 사이에서 오가는 수많은 거짓말 손톱 아래로 검은 물이 흘렀다 고독이 원활히 흐를 수 있게 고독의 심부를 베어 눈물을 꺼내어라 칼에 찔린 외로움이 말을 지운 호흡에게 슬픔 한 덩이를 떼어 주는 쓸쓸한 귀가여

찐 돼지

많이 먹고 많이 싼다
밥 앞에서는 간략하다
살이 찔수록 배고프다
이빨 없이도 잘 먹는다
삼킨다 찐 돼지
진짜 찐 돼지
먹고 싸는 것에 부끄럼 없어
무덤 한 평 세상에 기증하고
떠난 찐 돼지
간 쓸개 다 빼내어 주고
껍질까지 내놓은 후
죽음 앞에서도 귀에 걸린 웃음
그 기름진 유서에 누가 너를
돼지라고 부를 수 있을까

졸다가 우는 여자

밍크코트 입은 여자 예배를 본다
무음 진동으로 전화벨을 바꾸어 놓고
설교 시간 내내 존다
기도 시간이 되자 흐느낀다
짐승의 털이 깨어나 꿈틀거린다
여자의 몸을 휘감은 것은 박제
흐느낄 때마다 털이 살아나 물결친다
죽은 밍크들이 눈을 뜨는 뚱뚱한 아침
겉옷의 배후에 숨진 수많은 직립들
껍데기를 입은 여자를 위로하듯
더운 김을 뿜어내는 파이프 오르간
예배가 끝나자 고급 차에 밍크를 밀어 넣고
집으로 돌아가는 여자는
지금도 무음 진동일까?
짐승의 껍데기를 입고 졸다가 울던 여자

불멸을 기록하다

'빙하 속에 십 년을 함께 묻혀 있던
두 산악 대원 히말라야에서 돌아와 고향에 영면'
이라는 기사를 읽으며 불멸을 생각한다
소멸 속에 살아 있는 불멸
시간의 단층 속에서도
소멸을 두려워하지 않았다

꿈을 이루지 못해 시간을 멈춘 것
또 다른 정복이 숨을 고르게 했을 것
의기충천했던 오름길에 눈비는
불멸을 소멸로 위장한 것이다
죽음은 불멸의 담보였을 뿐

히말라야의 별들이 쏟아져 내리던 밤
가 본 적 없는 길 위에
잠시 떠 있었을 뿐이다

바람도 팔이 짧아 설명하지 못했다
산 아래 사람들은
귀가 늙어 듣지 못했다
불멸이 무르익어 만년설이

한 뼘씩 거짓말을 지워나갔을 것

산등성이에 얼어붙은 채
십 년을 동거한 두 친구
풍경을 지우고
집으로 돌아가야 할 시간

별이 되었다는 후문이다

국밥 먹는 여자

국물에 밥을 만다
밥을 뜨거운 국에 푼다
김치를 찢어 국밥에 얹는다
뿌연 김이 이마에 맺힌다
축축해지는 어깨

여자는 밥과 국을 따로 말할 수 없다

산다는 것이 시각 아닌 촉각이었기에
따로 나와도 뭉뚱그려 먹는다

몸을 덥히느라 퇴화한 목
고개 숙인 채 봉양처럼 국밥을 먹는다
짧은 목으로는 불가능하다
국밥이 빈 내장을 채워 줄 때만
세상은 공평하고
뜨끈한 국물이 긴 장기를 돌아
항문에 이를 때까지만
사람들은 비슷하게 닮아간다

국은 밥의 이유였으므로

밥은 국의 밑그림이었으므로
국밥 한 그릇 비워 내는 아침이면
땀으로 땀을 위로하는 여자
바람 속으로 걸어 들어간다

묵직한 돌을 뱃심에 매단 듯
넘어지지 않는다

사이 방정식

틈이 없었다면
건너와 건너가 없었다면
기억 한 뼘 사이가 없었다면
그리움은 존재하지 않으리라

사이에서 점화한 것이 사랑이다
틈이라는 겨를이 이별을 끌어안고
바스러질 듯
눈물을 쌓으며 저무는 밤

그러므로 사랑아,
이별은 밖이다
틈이 마르지 않는 간극
깜깜한 벽을 허무는 그리움아
마성의 숲에 구멍이 뚫리면
순리의 공간을
헤어짐이라 부르리니

닿을 수 없다고 느낄 때
서로를 만질 수 있다

찢어진 시간의 틈새에서
이름을 부를 수 있다

이 느낌 뭔지 알아

낯설지 않아 본 적 있는 것 같아
블랙홀 속으로 사정없이
빨려 들어가는 배고픈 얼굴,
가 본 적 있는 것 같아

닿아 본 적 있는 것 같아
장대비 쏟아붓는 웃자란 갈대숲
붉은가슴기러기 떼 구름 데리고
비틀비틀 산을 넘을 때
발목에 첩첩이 쌓이던 노을
견딜 수 없는 것은 언제나 가 본 것들

쓸려 들어가 본 적 있는 것 같아
은하 속으로 문질러져 벗겨져
막막하도록 밀려들어 가던
깜깜해 본 적 있는 것 같아
붉은 원고지 위의 글쓰기
두렵지 않아 미리 쓰는 미래
외롭지 않아

가을 별을 훔치다

별을 따서 주머니 속에 넣었다
열매를 빼앗긴 하늘이 파르르 떨었다
주머니 속 별을 조몰락거릴 때마다
벌레 소리가 떨어졌다
새벽이 별을 찾으러 올 때까지
그렸다 지웠다 다시 그려보는
시를 훔치다

5부

화가의 정원

검은 눈의 수잔*

마을에는 오래전 죽은 아이가 살아 돌아왔다는 소문이
파다했다 집 앞에는 여름꽃이 피고 꽃마다 검은 눈동자를
물고 있었다 돌아온 아이는 집 밖을 서성이면서도
문을 열지 못했다 컹컹- 뭇 개가 허공을 찢으면 아이의
눈동자가 검게 열리고 인기척을 느낀 엄마는 무거운
커튼을 젖혀 밖을 내다보았다 노란 꽃망울이 흔들릴 때마다
수잔! 수잔! 출렁이는 이름 '엄마, 나 여기 있어요'
달빛 노란 꽃무리에 검은 눈이 빛나는 여름밤

* 여름에 피는 노란색의 루드베키아 종류의 꽃. 수잔스아이라고도 불림.

수국

강을 건너온 여자는 치마가 마르면 돌아갈 요량이었다
강어귀 작은 돌 위에 비스듬히 옷을 말리다 사랑에
빠진 여자 유통기간은 치마가 마를 때까지였으나
영원을 착각하지 말자 흐르는 물에 발을 씻는다
별이 이마 위로 떨어진다 입술과 입술이
포개어져 억겁의 꽃잎을 피우는 치마폭 그득 별을
주워 담는 사이 돌아가는 길 지워져 버렸나 젖어
있는 동안만 사랑인 줄 알았다 마르지 않는 맹세가
더운 여름으로 숨 가쁘게 멍들어 간다

베고니아

사랑을 고백할 때 소녀였지요
뭔지도 모르면서
꽃을 피우고 꽃을 흉내 냈지요
꽃으로 화답해도 듣지 못하는 당신
수십 번 피고 지고
수백 번 피어도 보지 못하는 당신
노란 진물은 사랑의 맹세였지요
대답 없는 당신 연분홍 수건을 꺼내
눈물을 훔쳤지요 가을이 와도
자리를 떠나지 않았지요

화가의 정원

바닷길 끝까지 함께 걷자고 했지
배롱나무 아래 노란 꽃 나리 은목서
희디흰 얼레지
간밤 쏟아진 비에 피었다고 했지
끝나지 않았다고 했지
호수가 보이는 언덕을 지나 언제라도
징검다리 건너오라는 말에
물감통 엎지른 듯 아슬아슬 꽃을
피우고 이슬이 되어 흐르지
둑방에 걸터앉아 스카프를 휘날리던 당신
바닷길이 열렸다고 했을 때
옷자락 스친 웃음소리
달빛 정원 하늘과 바다 사이
그해 여름까지가 수선화라고 했지

더덕꽃

더덕꽃을 보면 귀가 아프다
넝쿨을 뻗어 올라
굽은 등으로 묵언수행 하는 너
비의 꼬랑지를 잡고
소리를 꿈꾸는
낙화는 무덤이 되어
종을 닮은 종이 아닌 종꽃
말이 없다 소리를 건지려 궁리에 든
한 번도 세상 향해
고개를 치든 적 없는 바보야,
종이 되기 위하여 뜨거운
허공에 맨발을 내디딘 것이냐
고개 숙인 침묵이 아프다
귀가 찢어질 것 같다

꽃씨

 바람을 접어 만든 방은 창 하나 없는 깜깜한 곳 비가 어깨를 두드린다 문이 열린다 찬란하도록 발칙한 꽃시계의 고백 안아주리라 잊은 줄 알았는데 돌아온 것이리니 어깨가 으스러지도록 안아주리라 접었던 몸을 푸는 너의 편지를 읽는데 바람이 창문을 깨부수었다 산산조각이 된 망령들 그대, 매정한 사랑의 불씨들아, 어느 비를 떠돌다 온 계절이냐? 까맣게 찍은 마침표 너는 도대체 어느 계절 속을 흐느끼다가 온 징표냐? 살도 덜어내고 뼈도 말리고 돌아서더니 골목을 돌아 내게 온 뜨거운 손

순지르기

진홍(紅)은 장미의 내력, 붉은 내력에
가위를 가져다 댄다
진홍(紅)일 때 잘라내면 짙어지는 법이라서,
영그는 법이라서,
전설이 되어 흐르는 법이라서,

이곳으로 가면 안 돼 그곳은 벼랑
저곳으로 가도 안 돼 그곳은 허공
비워가는 것이 아니라 비워주면서
잘려나가는 것이 아니라 여위어주면서
꽃 진 자리를 배웅하며
진홍(紅)을 지키는 마중물이 된다

지나온 시간을 지워 버리는
순하디순한 순지르기,
이보다 순하게 질러대는 비명은 없으리니

최후로 찔리면서도
진홍(紅)을 놓지 않는 붉은 죽음
제물이 꽃을 부른다
온몸에 등을 켜고 최후의 벽을 넘는다

동부의 꽃이 서부의 꽃에게

동부의 제라늄은 여름 한 철에만 피어요
동부의 제라늄은 계절이 지나면 멈춰 서지요
서부의 제라늄은 계절도 나이도 없어요
일 년 내내 꽃을 피워 관절염을 앓고 있는
휘어진 손가락이 증거예요 튀어나온
마디를 사다리 삼아 개화하는
이름은 같은데 보호색이 다른 꽃에게
쉬지 않고 꽃을 피워야 하냐고 물어요
툭툭 튀어나온 힘줄 좀 보라고
서부의 제라늄은 나이도 울퉁불퉁
쉴 틈 없이 꽃을 토해 놓아
햇볕이 채찍이 되었어요
꿈을 꿀래요 겨울에는 활활
타오르기 위해 잠시 떠날래요

가지꽃

끝내 고개를 들지 않는
원망인가 수줍음인가
원망도 수줍음도 수수하다
꽃 진 자리에 맺힌 어혈 세상 한 번
고개 쳐들고 바라보지 못한 것이
새끼 때문이었구나 아프다 해도
세상은 듣지 못했을 것
보랏빛 멍을 키워가는
아물지 않은 외상에 대고
오늘도 물을 준다

가시 자리

잎과 가시는 동음 꽃은 맨 나중의 일 문을 걸어 잠근 것일까 돌아온 상처를 함부로 대하지 말 것! 가시 없는 선인장은 있어도 가시 자리 없는 선인장은 없으리니 가만히 흉터로 버틸 것! 분노의 돌기들이 숨을 거둘 때까지 말랑말랑한 것들이 무덤을 만들고 오래 비가 내리지 않은 것들이 그늘에 길들여져 곁가지가 될 때까지 꽃이 가장 마지막으로 꺼내든 은장도

칸나

칸나가 있는 집 정원
멀리에서도 꽃이 보인다
화려한 듯 우뚝 선 너
한없이 단순한 미인초
키 큰 기억 첫사랑이
여름비에 쑥쑥 키를 키워
스쳐 지나가면 보인다 네 얼굴
지나왔는데도 보인다 네 눈빛

해바라기

　태양 나라 백성의 유니폼을 입고 노란 꽃잎 지구에 놀러 온 그녀는 여름내 깍지 발 올리고 해를 부른다 잠시 졸다가도 빛에 놀라 깨어나기를 수십 번, 종일 몸을 바꾸며 제사를 드린 숭배의 시간 어느 그늘을 떠돌다 온 것인지 저녁이면 무거운 입술을 떨군다 사랑 하나 얻지 못해 까맣게 타버린 속살 구름이 해를 가려 집으로 가는 길 지워질까 두렵다 오직 한 사람을 위해 환하게 늙어가는 여인아

넝쿨장미

빠삐용의 후예인가? 건너편을 꿈꾸는
허공 위의 춤아, 위태롭다
낭떠러지에서도 살아남아서
탈주의 시네마를 쓰는 너는 누구냐?
달아나고 도망치며 스며든다
꽃자리를 삭제해 가시로 건너간다
뼈대를 독하게 내리치며
말사가 되기 위하여 스며든 것이냐?
모반의 꽃들이 영혼의
변주처럼 번져나간다
파도에 감자 주머니를 던져 물세를
예감한 **빠삐용**의 후속아,
빈 곳을 꿈꾸는 족속들아,
뛰어내려라
불타오르면서도 노래를 부르리니
탈주의 내재율은 끝나지 않았다

❀해 설

눈물은 언제 흘려야 하는가?

이승하(시인, 중앙대 교수)

우리 각자 남몰래 흘린 눈물의 무게가 있지 않은가. 중요한 것은 눈물의 무게이며, 그것이 없는 사람은 거의 없을 것이다. 시카고를 주름잡았던 알 카포네 같은 인물은 눈물의 무게를 모르겠지만 미국 땅으로 이민 가서 둥지를 튼 사람은 다 자기 나름의 이야기보따리를 갖고 있지 싶다. 친구들, 이웃들의 그 이야기보따리를 풀어 하나하나 들려줄 사람은 김은자 시인이다.

제1부에 있는 14편의 시 가운데 해설자가 특별히 주목한 시는 한 켤레의 시간을 노래한 시다.

잃어버린 것인지 버리고 간 것인지
떠밀려 온 것인지

주인 없는 운동화 한 켤레

겨울 바다 모래밭 위에 누워 있다 발이

지친 실눈을 뜨고 먼 길을 돌아왔다

신발을 따라온 해구(海鷗) 한 마리

모래 위를 날아오르고

바위를 때리는 파도 외에는

아무도 없는 겨울 바닷가 모래 위

- 「한 켤레의 시간」 전반부

  운동화 한 켤레가 어떻게 된 영문인지 겨울 바다 모래밭에 누워 있다. 틀림없이 낡은 운동화일 것이다. 꽤 많은 시간을 주인과 함께 여기저기 돌아다녔을 테고 희로애락을 같이했을 것이다. 하지만 지금은 주인과 헤어져 바닷가에 와 있는데, 이 시의 화자는 신발이 주인과 함께 보냈을 시간에 대해 생각해본다.

끈 한쪽과 다른 한쪽이 서로 묶여 있다

긁히고 깨지고 얽히고 뒤집히고

허둥대면서도 손 붙잡고 왔으니

꼬인 채로 망가진 채로 손 놓지 않았기에

그 매인 힘으로 물살을 이기고

파도를 건너왔을 것이다

죽음마저 순해진 한 켤레
무덤에 누워서도 함께 별을 셀 것이다

- 「한 켤레의 시간」 후반부

대부분의 운동화에는 끈이 있다. 풀어져 있으면 안 된다. 묶여 있어야 운동화로서의 기능을 할 수 있다. 끈 한쪽과 다른 쪽이 묶여 있었기에 운동화는 주인의 발을 감쌀 수 있었고, "꼬인 채로 망가진 채로 손 놓지 않았기에/그 매인 힘으로 물살을 이기고/파도를 건너왔을 것"이라고 화자는 생각한다. 마지막 연에서는 운동화를 완전히 의인화한다. 죽음마저 순화시킨 운동화가 무덤에 짝으로 누워서 별을 셀 거라고 한다. 집 밖에서는 가는 곳마다 주인과 함께 있었는데 죽어서는 왼쪽 오른쪽이 나란히 누워 하늘의 별을 셀 거라고 보았다. 사람과 사물과의 관계도 이러한데 사람과 사람과의 관계는 어떤가.

이를테면 이런 것이다 바람이 세게 불면 나무는 더, 세게 흔들리고 뿌리는 그럴수록 나무의 몸통을 붙잡아 앉히는 것이다
갈 곳 모르는 손가락의 가느다란 끝을 표정 없는 돌멩이가 꽈

악- 찍어 누르는 것이다

발목이 부러지는 것이다

당신이 그랬다 패스포트가 아무짝에도 쓸모없는 종잇장처럼 걸음의 맨 마지막을 통째로 씹어 버렸다 그런 당신을 사랑한 적 없다 당신을 위해 옷을 벗은 밤도 없다 꽃이 달빛에 젖어 몽롱하던 날 하체를 통째로 흔들며 넘어온 계절

- 「뿌리여, 바람이여, 감옥이여」 앞 3연

바람이 세게 불면 나무는 더욱더 뿌리 뽑히지 않으려고 땅을 붙들 것이다. 태풍이 휩쓸고 가면 송두리째 뽑히는 나무들도 있다. 특히 땅속의 뿌리는 나무를 지키려고 안간힘을 다할 것이다. 원래는 이런 죽고 못 사는 관계가 아니었다, 당신과 나는. "패스포트가 아무짝에도 쓸모없는 종잇장처럼 걸음의 맨 마지막을 통째로 씹어 버렸다"고 한다. 그래서 "그런 당신을 사랑한 적 없다"고 한다. 뿌리와 가지의 관계처럼 오매불망 그리워하는 찰떡궁합이어야 하는데 그렇게 하지 못한 것이 한스럽다. 하지만 헤어질 수는 없으니 이 무슨 얄궂은 운명인가.

폭풍 속에서도 왜 가지는 뿌리를 떠나지 않는가 비가 쏟아
질 것을 예감하고 있는가 잎은 뿌리로 가는 길을 왜 잊지 못하
는가 왜 부러지는가 왜 흩어지는가 왜 흐르려 하는가 어둠의
끝까지 내려가 왜 당신의 부르튼 발을 만지려 하는가 떠나온
것이 아니다 아직도 낯선 길 위를 서성이는 나를 받아다오 통
과하고 싶다 당신이 피운 꽃으로 무늬가 되고 싶다 생각 맑아
져 내리꽂는 폭우처럼 흐느끼고 싶다

눈물이 되는 것이다 이를테면, 등짝에 칼을 꽂고 도망간 시
간을 수배하는 여름꽃을 가을은 기억하지 못한다 그 불그레한
은유 속에 나를 가두는 것이다 안다 나는 안다 가지가 뿌리를
떠나지 못하는 이유를 시간도 결국 바람에 종속되는 속절없는
연유를 그러니 뿌리여, 속죄하게 하라 바람이여, 역류하게 하라
나는 애증의 감옥에 사는 죄수

빙의하게 하라

- 「뿌리여, 바람이여, 감옥이여」 끝 3연

늘 싸우면서도 헤어지지 않는 연인이 있다. 그런 부부
도 있다. 미운 정 고운 정이 함께 들기 때문이다. 그래서
"아직도 낯선 길 위를 서성이는 나를 받아다오 통과하
고 싶다 당신이 피운 꽃으로 무늬가 되고 싶다 생각 맑

아져 내리꽂는 폭우처럼 흐느끼고 싶다"고 외치는 것이다. 물론 한평생 알콩달콩 아껴주면서 살아가는 부부도 있긴 있을 것이다. 하지만 때로는 서운하고 때로는 밉기도 한 게 정상적인 인간관계다. 다툼이 오히려 정을 깊게 하는 경우가 왕왕 있다. 부부싸움은 특히 칼로 물 베기라고 하지 않는가. "등짝에 칼을 꽂고 도망간 시간을 수배하는 여름꽃을 가을은 기억하지 못한다"는 기가 막힌 표현은 이런 사랑을 해보지 않았다면 쓸 수가 없는데……. 아아, 김은자 시인을 만나면 도대체 그 상대가 누군가 물어보고 싶다. "나는 애증의 감옥에 사는 죄수"이니 "(너한테) 빙의하게 하라."고 외치게 한 사내가 도대체 누군지 궁금하다. 상상 속의 사람인가?

시인의 한국에서의 삶과 미국에서의 삶을 해설자는 모른다. 삶이 순탄했는지 파란이 많았는지 알 수 없지만 내면세계는 분명히 예나 지금이나 격랑이다. 세찬 바람을 맞는 나무였고 강한 파도를 만난 배였다. 집 바깥에서의 생활은 점잖고 예의 바르고 정확했을지 모르겠지만 집에 오면, 노트북을 열어 돛을 올렸던 것이다. 바다에 나가 난파하곤 했던 것이다. 이중생활이었다.

길게 말하고 싶다는 말이다 짧고 간략한 세상에서 조금은
복잡해지고 싶다는 말이다 눈물은 길고 끈끈한 화장 덧칠하지

않고는 견딜 수 없는 것들, 되풀이되지 않고는 이어 나갈 수 없는 것들 나는 거짓말이 아닌 것처럼 거짓말을 해 본다 속눈썹 그윽이 눈빛 하나를 심으며 이 순간만은 내 말에 귀 기울여 달라고 짧고 굵게 애원한다 눈매는 거울 속에서 탄생한다 세상 모든 시선은 관객이 아닌 주인공이므로 누구에게도 들키지 않은 최후의 순간을 고백한다 울지 않겠다 한 올 한 올 젖은 눈꺼풀로 단단한 너를 지워갈 뿐이다

- 「마스카라의 이중생활」 전문

마스카라는 속눈썹을 짙게 보이게 하려고 칠하는 화장품이다. 마스카라를 한 모습과 안 한 모습이 차이가 있다는 것을 화자는 잘 알고 있다. 겉으로 드러나 보이는 내가 있고 내 안의 내가 있다. 화자는 자신의 눈매가 거울 속에서 재탄생하는 것을 잘 알고 있다. "세상 모든 시선은 관객이 아닌 주인공이므로 누구에게도 들키지 않은 최후의 순간을 고백한다"고 고백한다. 그리고 선언한다. "울지 않겠다"고. 멋지다. 모든 운명을 찔찔 짜면서 받아들이지 않고 맞서 싸우려는 대결 의식을 보여주고 있다. 소리 내어 울지 않고 짠 눈물 자체가 되고자 한다.

그늘에 고여 슬픔을 뉘어 본 적 있다

눈물의 빛깔을 기억하는 단 하나

나의 분신은 비스듬히 따라오다가도

표정을 지우며 납작해졌다

무게를 견디는 모습이란

나는, 단 한 번이라도 저 캄캄한 허물을

감싸안고 울어 본 적 있던가

-「그늘」 제3연

　이 세상에는 음지가 있으면 양지가 있다. 햇살이 눈을 부시게 하면 그늘을 찾아가면 된다. 우리네 인생이 날마다 기쁨이요 축복이요 행복일 턱이 없다. 나를 누르는 짐의 무게는 견뎌내야 한다. 그래서 "나는, 단 한 번이라도 저 캄캄한 허물을/감싸안고 울어본 적이 있던가" 하고 자문해보는 것이다. 시인은 자신을 노랑발도요새에 빗대어 이렇게 묘사한다. 노랑발도요새는 떠났다가 다시 돌아오는데 자신은 미국으로 떠났다가 한국으로 돌아가지 못한다. 그 새는 "슬픔 하나 들키지 않는 새"이다. 다리가 짧아(?) 고향으로 돌아가지 못하지만 발자국 위에 차곡차곡 눈을 쌓는다. 즉, 강변 벤치에 앉아 눈을 맞으면서 이 추위를 견디고 있다.

　　네가 떠나자 허드슨 숲에 겨울이 왔다

두고 간 것은 강이 아니라 숲이었다

아무르로 가는 길,

나그네인 줄 알면서도

새는 계절을 작게 접으며 연명한다

떠난 것은 사라진 것이 아니라 생겨난 것이므로

노란 발목을 기억한 밤이 생겨나고

그리움에 젖은 오후의 발목이 그려지고

떠난 것이 아니라 태어난 것

노란 발들이 찍어놓고 떠난

발자국들이 흐른다

강변 벤치에 앉아 눈을 맞는다

물결이 물결에게 구름을 건네며

발자국 위에 채곡채곡 눈을 쌓는 새가

휘파람처럼 지나간다

- 「노랑발도요새」 앞 3연

   살다 보니 미국에서 강산이 네 번 바뀌는 긴 시절을 살았다. 백인과 흑인이 주름잡는 사회에서 동양계 여성이 살아가고자, 살아남고자 얼마나 노력했을까? 그런데 시인은 자신의 삶에 대해 구체적인 얘기는 가급적이면 하지 않는다. 내가 아팠었다고 얘기하면 미국 이민자 중에 그만한 고생 안 한 사람이 누구냐고 놀릴 것이다. 한국의 독자는 자유의 나라, 기회의 나라 미국에서 40년 이상 살면서 무슨 엄살이 그렇게 많냐고 반발할지도 모른다. 그대의 고국 한국의 상황은? 그대가 비행기를 탔던 1982년이나 지금이나 시국이 늘 파란만장했다고 이구동성으로 대답할 것이다.

제2부에 접어들어 시인은 젊은 시절의 이야기를 슬쩍 한다. "탁!과 툭! 사이를 건너다 미끄러진 것이 청춘이다"는 「소리 속으로 뛰어들어」에 나오는 구절이요 "한 올이 나를 찌르던 그해, 스물이었지/한 올로 찢기어 더운 계절을 바스락거리고/슬픔에 몸을 기댄 채 맑게 펄럭였지"는 「한 올의 슬픔」에 나오는 구절이다. 어느 날 보니 자신의 몸이 미국에 와 있는 것이다.

　　서울에는 는개가 내리고
　　뉴욕에는 눈개가 내린다
　　눈개와 는개는 한 끗 차이지만
　　아랫목에 배를 깔고 눙개를 먹던 저녁
　　기억 속에서는 눈개가 내렸고
　　지구 건너편에서는
　　는개가 흩뿌려지고 있다

느개가 그림자를 잠재우면

시간이 굵어지고

공중을 떠도는 먼지를 데려온다

먼지를 잠재우는 일이 남는다

- 「느개 눈개 눙게」 앞부분

이민자는 이방인이다. "아랫목에 배를 깔고 눙개를 먹던 저녁"은 추억 속의 일이다. 고국은 지구 저 건너편에 있다. 고향의 느개를 떠올리는 날, 눙게(누룽지)를 끓이며 이방을 건넌다. 원주민들이여 이방인에게 "어디에서 왔는지 묻지 말라", "이슬비보다는 가늘게 내리는 느개가/눙게라는 것을 안 것은/겨울이 지난 한참 후"였으니 말이다.

요즘은 '해외동포'라는 말 대신 '재외동포'라는 말을 많이 쓴다. 전자는 한국에서 사는 사람을 중심에 놓지만 후자는 외국에 거주하는 교민을 중심에 놓기 때문이다.

나의 이름은 재외,

사람들은 나를 재외라고 부르지

혀가 짧아 제외除外를 재외在外로 발음한 것이

이름으로 굳었을 뿐이지

익숙해지겠지

풀꽃 같은 우리의 제목은 제외,

성스러운 구분이지

재외를 즐기는 이들은 제외를 모르면서 웃지만

먼지가 되지

비장을 건드리는 날이면

마른 나뭇잎처럼 바스러지면서

송 오브 러브

재외在外가 되지

　　　　　　　　　-「제외가 재외처럼 울 때」전반부

  외국에 나가 살게 되면 한국으로부터 제외되는 것인가? 재외가 제외가 되면 안 되는데 말이다. 시를 쓰는 것도 재외일지언정 제외되지 않겠다는 결심에서 나온 행동이 아닐까. 미국에서 영주권이나 시민권을 받았다 하더라도 자신의 정체성은 한글로 글을 쓰고 시를 짓는 한국 시인의 한 사람인 것이다. "나의 별명은 제외된 고독,/혼자라는 섬의 이름"이지만 시를 쓰고 있기 때문에 재외일 뿐, 제외는 아니다. 하지만 현실이 어디 그런가. "우리의 별명은 성스러운 제외/이방에 체류하는 긴 눈물"인 것이다. "재외와 제외의 틈이 형용사의 밖인 것처럼/제외일 뿐이지" 하면서 눈물짓는다. 한편 오랜 친구는 아들을 미국에 와서 잃고 눈물을 흘린 적이 있는가

보다. 아니다. 눈물이 말라붙어 인공눈물을 눈에 넣는다.

    친구는 안구 건조증이라며
    핸드백에서 작은 약병을 꺼내 열고
    인공눈물 몇 방울 눈 속에 떨어뜨렸다

    죽은 아들 이야기를 하던 중
    '이놈의 안구 건조증 때문에…'라며
    눈물이 뺨 위로 흘러내렸다

    먼저 간 자식 눈물도 아깝다더니
    더 이상 울 힘도 없다더니
    눈 안쪽 깊숙이
    눈물을 들이는 친구에게
    슬픔의 노크 소리가 들렸다

                        - 「눈물 사용 설명서」 전반부

  비극은 어디에나 있고, 그 비극을 예의 주시하여 형상화하는 사람이 바로 시인이다. 친구의 "오장육부 물이 바닥까지 말라버렸을 터"인지라 "가짜 눈물로 병을 치료하는 중"임을 잘 알고 있는 시인은 그 사연을 시로

쓴 것이다. 피아노 건반을 치지 않고 장식용이 된 피아노 자체가 되는 것. 바로 시를 쓰는 행위다. 작곡자나 연주자가 아니라 피아노 자체가 된다는 것이 아주 멋진 상징이다. 예전 장례식장에서 곡비哭婢가 필요했던 것처럼.

> 우리 집 피아노는 장식용이 된 지 오래다 시를 쓰기도 시간이 모자란 주인 덕분에 십여 년 자궁을 떼어내고 서 있는 피아노의 건반
>
> 당신은 피아노를 치나요? 아뇨, 피아노가 나를 연주하지요
> (중략)
> 당신은 피아노를 치나요? 아뇨, 내가 피아노입니다
> 별을 만진 사람들은 반쪽의 그늘이 되고 악기가 손가락을 잃은 저녁이다
>
> —「피아니스트」 부분

이제 알 듯하다. 김은자 시인이 왜 시를 쓰게 되었는지. 한국의 상황은 늘 일촉즉발의 위기 상황이다. 미국은 몇 번 가본 결과, 도시의 다운타운 같은 곳은 그렇지 않지만 대체로 조용하고 평온하다. 땅이 워낙 넓다 보니 복닥복닥한 느낌을 주지 않는다. 쇼핑하러 가려면 차를 끌고 30분은 나가야 한다. 친구를 만나려면 한 시간은

운전을 해야 한다. 그만큼 땅이 넓기 때문에 여유가 있는데 한국은 그렇지 않다. 러시아워 때 전철을 타보라. 전쟁터에 나가는 것이나 마찬가지다. 미국과 한국의 문화적 차이, 자연의 모습, 정치적 상황이 판이하게 다르지만 그곳도 이곳도 사람이 사는 곳이다. 시인의 기억 속에서, 그리고 양국의 생활 양태의 차이에서 느낀 것들이, 또한 적응 과정의 어려움들이 시를 쓰게 하는 원동력이 되었던 것이다.

제3부의 시「이중언어」를 보면 영어를 잘 습득해 현지에서 살아간다는 것이 얼마나 어려운 일인가를 말해주고 있다. 특히 이민 대열에 오른 1세대는 성인이 된 이후에 갔기 때문에 아무리 영어를 잘해도 한계가 있다. 아주 어릴 때 간 1.5세대나 그곳에서 태어난 2세대와도 소통이 잘 안 되는 경우가 있다.

> 두 개의 언어가 섞이면 오히려 선명해졌다
> 장가를 가장으로 읽는 아들과
> 격돌을 돌격으로 발음하는 엄마가
> 한 문장에 두 가지 말을 섞으며 살았으니
>
> 오, 불손한 바이랭구얼
> 사랑이 다중의 언어를 공손하게 잠재웠다

〈

엄마는 맘이야

마음이 맘이니까 마음이 엄마야

안과 밖이 똑같은 맘

맘이 떠난 후에야 맘은 엄마를 부르며 울었으니까

한 개의 언어에 두 개의 말투를 섞으며

사십여 년을 살았다

그 어떤 것도 완벽하지 않았다

-「이중언어」부분

　다중언어를 구사하는 것이나 구사하는 사람을 바이링구얼이라고 하는데 참 복 받은 사람이다. 미국에 성인이 되어 건너가 말을 배우면서 살아가는 사람은 말 때문에 곤란을 겪은 경우가 많았을 것이다. 영어를 잘 구사하는 아이까지 엄마를 놀린다. 그래도 가족은 서로를 이해하기 때문에 웃으면서 지낼 수 있지만 바깥세상에서 사는 것은 결코 예사롭지 않다. 토박이말을 구사하는 제주도민과도 의사소통이 안 되는데 하물며 영어를 익혀 미국에서 살아간다는 것은! 어순이나 낱말의 유래나 한글과 영어 사이의 공통점은 전혀 없다. "한 개의 언어에 두 개의 말투를 섞으며/사십여 년을 살았다"고 하니, 그 고충이 어떠했을까. 이 말도 저 언어도 완벽하지 않았다.「귀를 옮기다」같은 시도 유머센스를 발휘하여 시를 아주 재미있게 썼는데 이 시를 보니 그간 느꼈을 곤혹스러움이나 불편함이 더욱 느껴진다.

  자, 그러니 시를 쓰는 시간은 김은자 자신이, 살아 있음을 확인하는 시간이었을 것이다. 인생의 희로애락과 인간의 생로병사를 마음껏 다룰 수 있게 되었으니 얼마나 살맛 나는 세상이 되었을까. 이전에는 먹고사는 데 급급해 자신을 돌아보기도 어려웠을 테고 추억에 잠기기도 어려웠을 것이다. 그런데 시를 쓰게 됨으로써 과거로의 시간여행을 마음껏 할 수 있게 되었고, 자신과의 대화가 가능해졌고, 상상력을 마음껏 발휘할 수 있게 되었다. 시를 쓰기 전에는 고독의 성채에 죄수처럼 갇혀 있었지만 지금은 그렇지 않다. 영어를 구사해도 그것은 침묵하며 살아온 것이나 마찬가지였다. 이제는 고독을 떨쳐버리고, 지독하게 외로웠던 뿌리를 뽑아 세상 밖으로 멀리 내던져 버리고 시를 맹렬히 쓰고자 한다. 김은자는 광활한 미국에서 외로운 단독자였겠지만 김은자 시인은 고독하지 않다. 미국에도 한국에도 독자가 있다. 내 생각을, 내 고민을, 내 이야기를 들어주는 사람들이 있다. 이 얼마나 신바람 나는 일인가.

입 크게 벌리고 웃어도 누구도 입안

깊숙한 곳은 보지 못했다 발치의 이유는

손길이 닿지 않았던 연유

누렇게 변한 나의 안쪽

침묵하며 살아온 나의 최 구석

내부를 본 자는 아무도 없다

(중략)

오늘 나는 나의 영구치 하나를

고독이란 이름으로 고발하려 한다

가장 나의 구석

지독하게 외로웠던 뿌리를

세상 밖으로 멀리

내던져 버리려 한다

- 「사랑니 발치 추천서」 첫 연, 끝 연

이 시는 일종의 선언서다. 혼자서 외로워하고 답답해하던 과거를 완전히 청산하고 시인 겸 수필가 겸 방송인 겸 시창작 강사로 살아갈 것임을 천명했다고 본다.

친구는 나이 사십이 되면서

어깨 뽕이 들어간 옷이 무거워

모두 내다 버렸다고 했다

나는 나이 오십이 되면서부터

무게를 느끼기 시작했으니

늦은 나이에 무게를 배운 것

요즘 들어 신발이 무겁다

핸드백도 무거워 견딜 수 없다

빗도 거울도 지갑의 동전도

왜 이다지 무거운 것일까? 겉옷은

어깨의 뽕을 떼어 버렸는데도 무거워

견딜 수 없다 덜어낼수록 보이는 무게

안 보이는 것의 무게마저 무겁다

눈물의 무게는 얼마나 무거운지

가슴 저 안쪽에 떼어내지 못한 울음

- 「눈물의 무게」 전문

이 시는 문맥 그대로 받아들여도 될 터이다. 뽕은 가식이고 치레다. 중년에 접어드니까(요즘 40은 중년도 아니지만) 허례나 허식을 떨쳐버리고 삶의 진정성을 추구하게 된다는 얘기를 하고 있다.

동부의 제라늄은 여름 한 철에만 피어요

동부의 제라늄은 계절이 지나면 멈춰 서지요

서부의 제라늄은 계절도 나이도 없어요

일 년 내내 꽃을 피워 관절염을 앓고 있는

휘어진 손가락이 증거예요 튀어나온

마디를 사다리 삼아 개화하는

이름은 같은데 보호색이 다른 꽃에게

쉬지 않고 꽃을 피워야 하냐고 물어요

툭툭 튀어나온 힘줄 좀 보라고

서부의 제라늄은 나이도 울퉁불퉁

쉴 틈 없이 꽃을 토해 놓아

햇볕이 채찍이 되었어요

꿈을 꿀래요 겨울에는 활활

타오르기 위해 잠시 떠날래요

- 「동부의 꽃이 서부의 꽃에게」 전문

　미국 교민들은 동부와 서부의 제라늄이 어떻게 다른지 알고 있을 것이다. 해설자는 그 차이를 모른다. 뉴욕은 동부에 있고 LA는 서부에 있다고는 알고 있지만 두 도시의 차이를 모르는 것이다. LA에만 가보고 뉴욕에 가보지 않은 나 같은 사람은 두 도시의 기후와 환경을 잘 모르고 시민들의 기질과 습관의 차이를 전혀 모른다. 솔직히 말해 영주권과 시민권의 차이도 잘 모른다. 70년대에 이민 간 사람과 80년대, 90년대, 2000년대, 2010년대에 이민 간 사람들의 차이도 모른다. 도시에 사는 사람과 교외에 사는 사람의 차이도 모른다.

  시를 "탈주의 내재율"이라고 한 것이 참으로 의미심장하다. 이민은 탈주였을 수 있다 하지만 "탈주의 내재율"을 취함으로써 김은자는 김은자 시인이 되어 귀향한 셈이다. 모천회귀, 수구초심. 시인의 앞으로의 활동이 더욱 기대된다.

상상인 시선 057

그해 여름까지가 수선화

지은이 김은자
초판인쇄 2025년 2월 18일 초판발행 2025년 2월 24일
펴낸곳 도서출판 상상인 편집주간 황정산 펴낸이 진혜진
표지디자인 최혜원 기획·마케팅 전은빈 최유림 노혜림 정현수
책임교정 종이시계 편집 세종PNP
등록번호 제572-96-00959호 등록일자 2019년 6월 25일
주소 06621 서울시 서초구 서초대로74길 29, 904호
전화번호 02-747-1367, 010-7371-1871
팩스 02-747-1877 전자우편 ssaangin@hanmail.net

ISBN 979-11-93093-84-9 (03810)

값 12,000원

* 이 책은 전부 또는 일부 내용을 재사용하려면 반드시 저작권자와 도서출판 상상인의 동의를 받아야 합니다.
* 이 도서의 국립중앙도서관 출판시도서목록(CIP)은 서지정보유통지원시스템 홈페이지(http://seoji.nl.go.kr)와 국가자료공동목록시스템(http://www.nl.go.kr/kolisnet)에서 이용하실 수 있습니다.